Manfred Rohrbeck

222 temel sözcük
222 erste Wörter

Türkçe'ye çeviren: İnci Dirim
Übersetzung ins Türkische: İnci Dirim

CARLSEN

yiyecek ve içecekler

Essen und Trinken

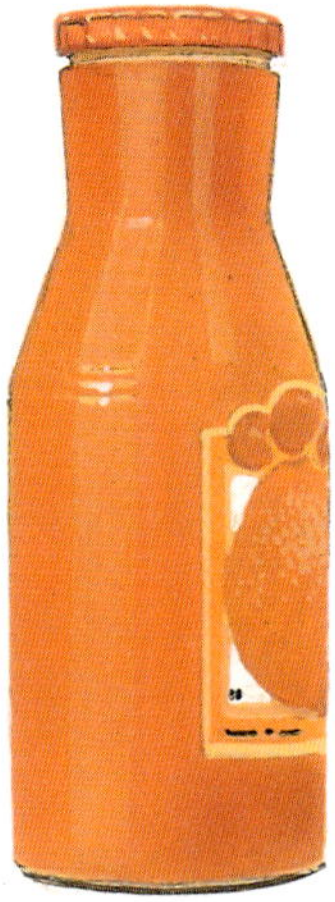

meyve suyu
Saft

kakao
Kakao

süt
Milch

bal
Honig

peynir
Käse

ekmek
Brot

yoğurt
Joghurt

salam
Wurst

ekmekçik
Brötchen

tereyağı
Butter

yaprak salata
Salat
patates Kartoffeln
domates
Tomaten
salatalık
Gurke
çilek
Erdbeeren
elma
Apfel
kiraz
Kirschen
havuç
Möhren
muz
Banane
armut Birne

giyecekler

Kleidung

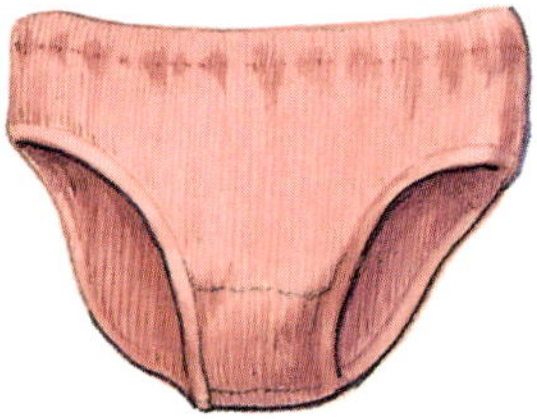

külot Unterhose

pijama

Schlaf-
anzug

iç gömleği
Hemd

külotlu çorap
Strumpfhose

etek Rock

kemer
Gürtel

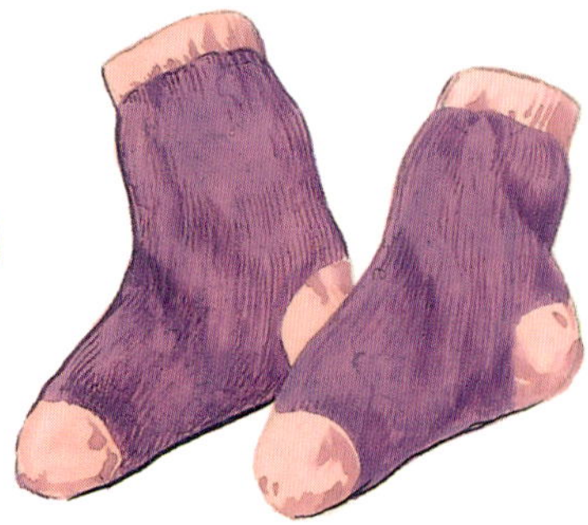

çoraplar
Strümpfe

elbise Kleid

kot pantolon Jeans

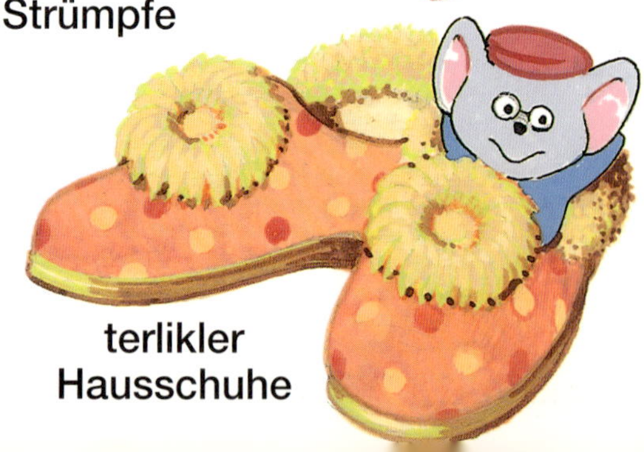

terlikler
Hausschuhe

kazak Pullover

tayt
Radlerhose

anorak
Anorak

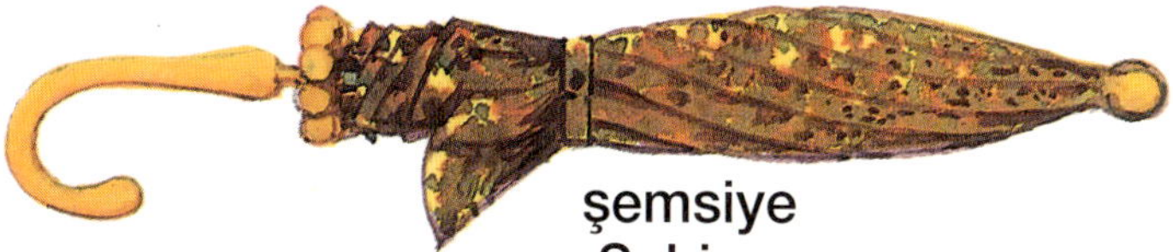

şemsiye
Schirm

atkı Schal

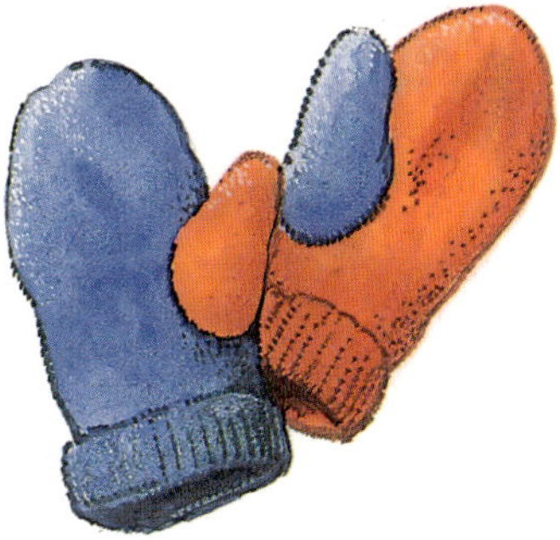

eldivenler Handschuhe

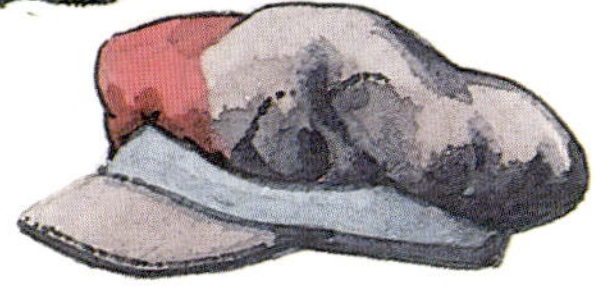

kasket Mütze

tişört
T-Shirt

ayakkabılar Schuhe

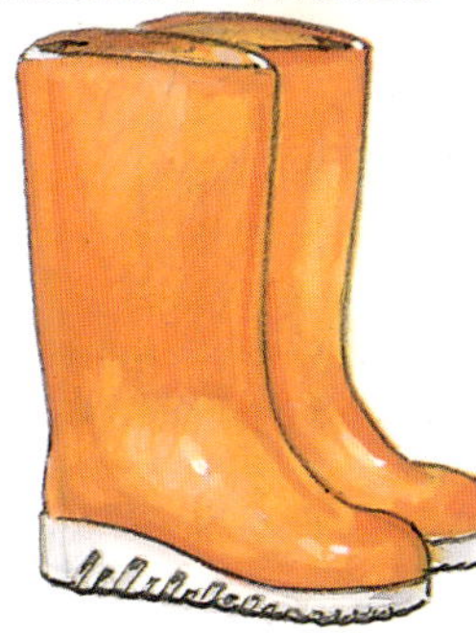

lastik çizmeler Gummistiefel

hayvanlar
Tiere

at
Pferd

muhabbet kuşu
Wellensittich

köpek
Hund

koyun
Schaf

horoz
Hahn

kobay Meerschweinchen

kedi
Katze

kaplumbağa
Schildkröte

balıklar Fische

ördek
Ente

tavşan
Hase

geyik
Hirsch

baykuş
Eule

sincap Eichhörnchen

kelebek
Schmetterling

kirpi
Igel

yılan
Schlange

sinek
Fliege

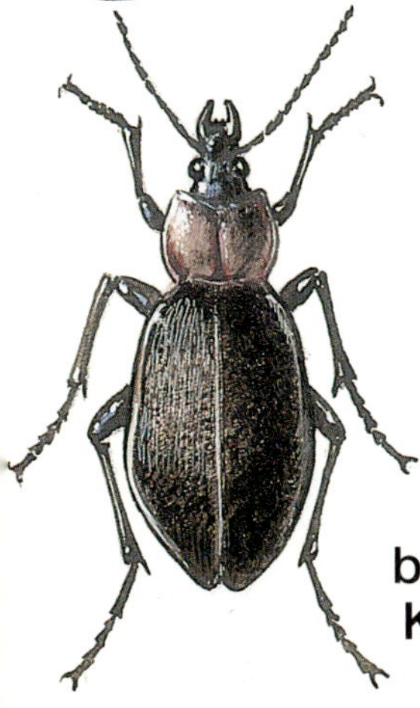

böcek
Käfer

balina
Delfin

renkler ve sayılar

Farben und Zahlen

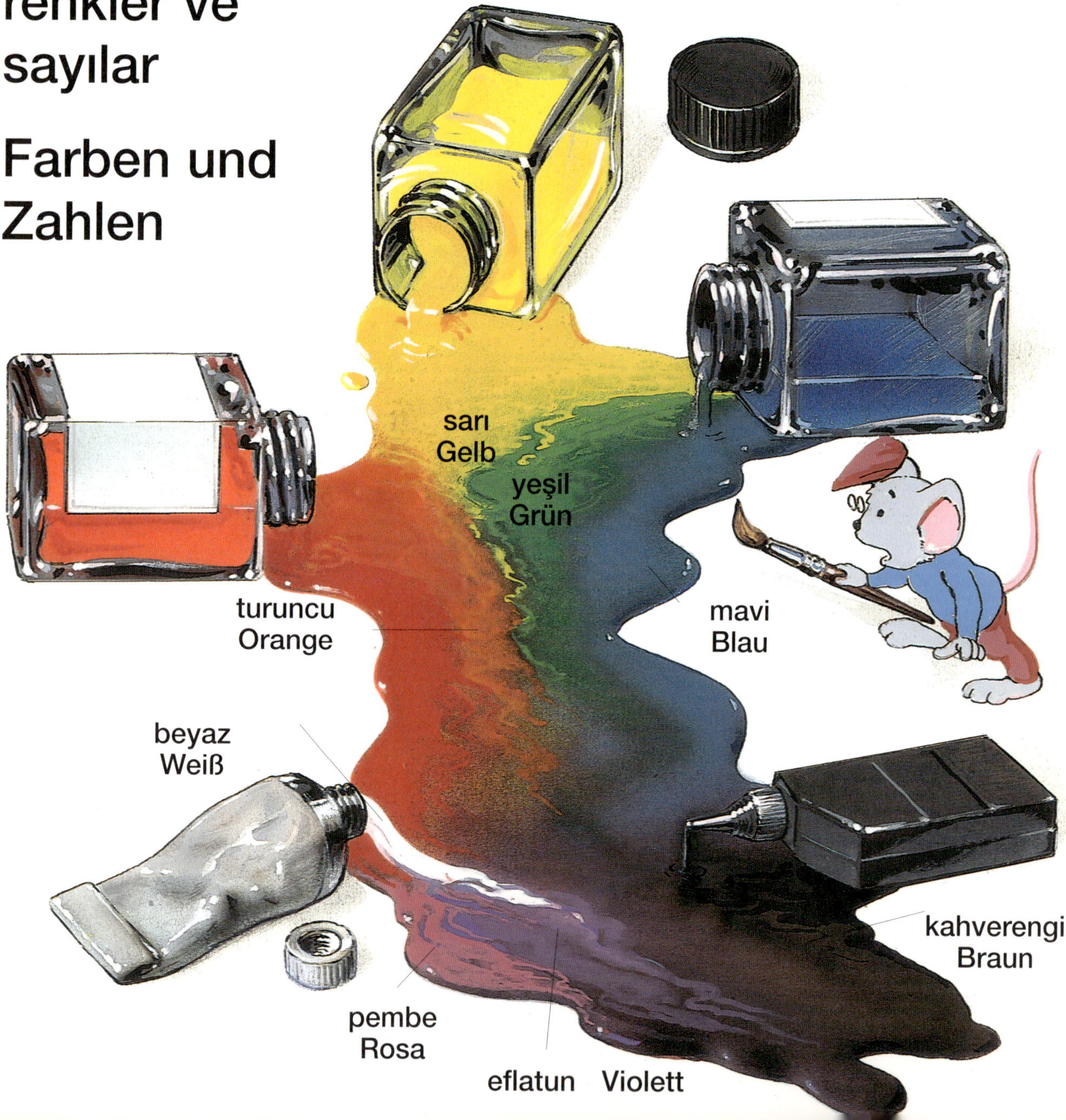

1

2

3

4

5

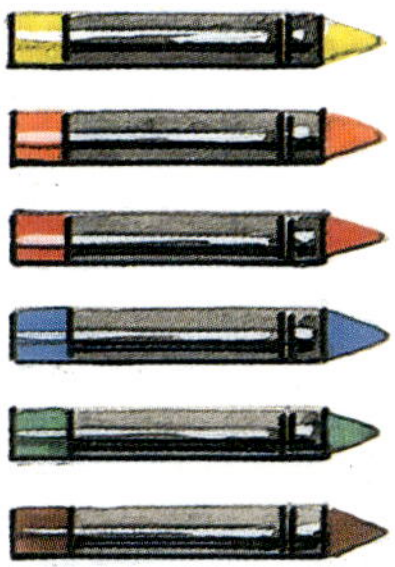

6

7

8

9

10

bahçemiz

Im Garten

laleler
Tulpen

karınca
Ameise

bahçe hortumu
Gartenschlauch

güller Rosen

salyangoz
Schnecke

bahçe makası
Gartenschere

erik ağacı
Pflaumenbaum

kum havuzu Sandkasten

merdiven Leiter

sulama
kovası
Gießkanne

yapraklar
Blätter

tırpan
Harke

kürek
Spaten

gübrelik Kompost

solucan
Regenwurm

saksı
Blumentopf

salıncak Schaukel

çiçek soğanları
Blumenzwiebel

çim biçer
Rasenmäher

banyomuz
Im Bad

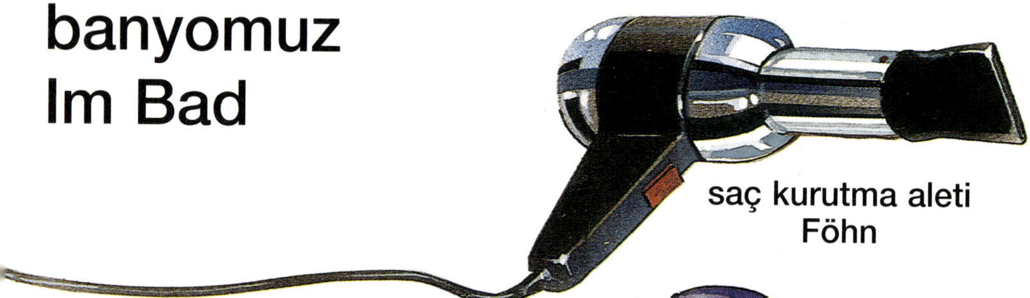

saç kurutma aleti
Föhn

tarak Kamm

fırça Bürste

şampuan
Shampoo

duş jeli
Duschgel

tuvalet kağıdı
Toilettenpapier

tuvalet Toilette

tıraş
makinası
Rasierer

dudak boyası
Lippenstift

oturak Töpfchen

ayna Spiegel

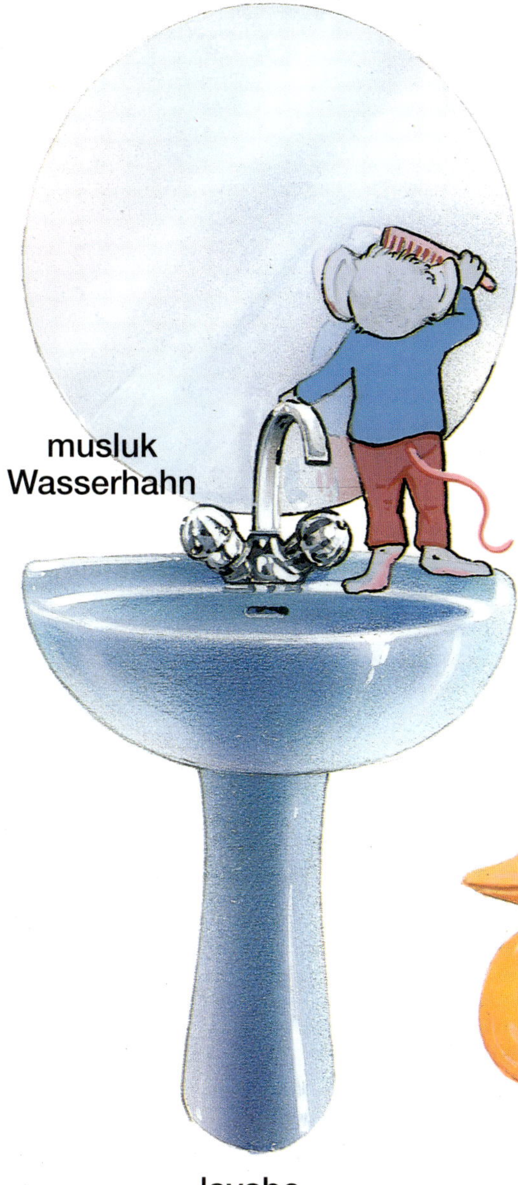

musluk
Wasserhahn

lavabo
Waschbecken

sabun
Seife

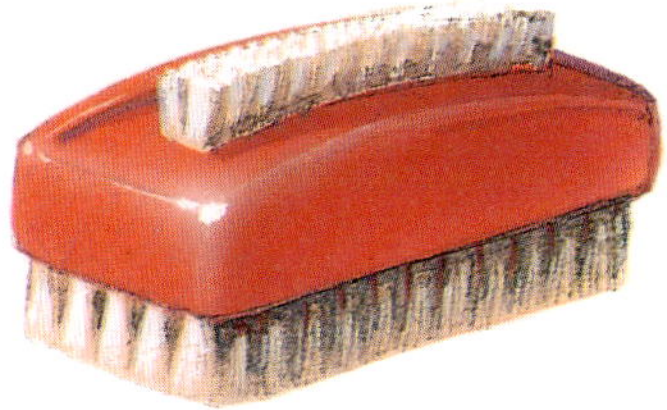

tırnak fırçası Nagelbürste

diş macunu
Zahnpasta

diş fırçası Zahnbürste

havlu
Handtuch

plastik ördek
Badeente

sünger
Schwamm

mutfağımız

In der Küche

tencere Kochtopf

aydanlık
Wasserkessel

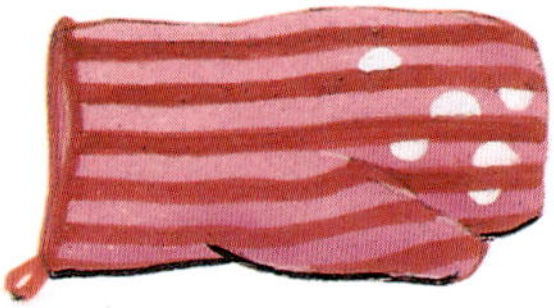

tutacak Topfhandschuh

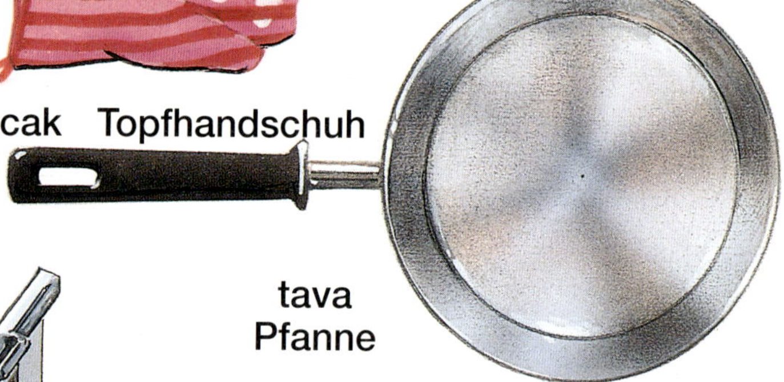

tava
Pfanne

tatlı kaşığı
Teelöffel

çorba kaşığı
Suppenlöffel

çatal
Gabel

tabak
Teller

bıçak Messer

ocak Herd

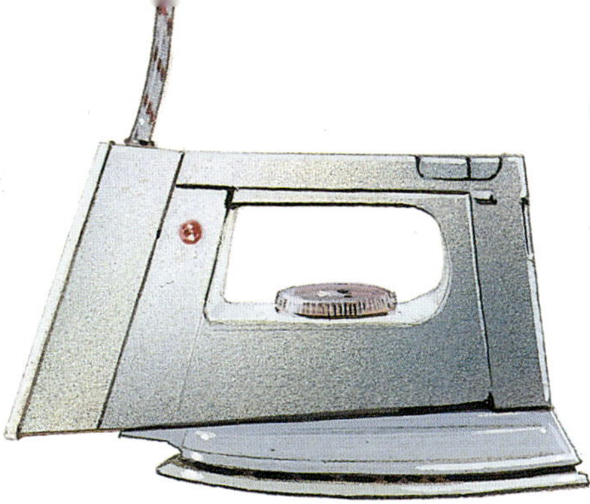

ütü Bügeleisen

elektrikli süpürge
Staubsauger

mutfak robotu
Küchenmaschine

fincan
Tasse

fincan tabağı Untertasse

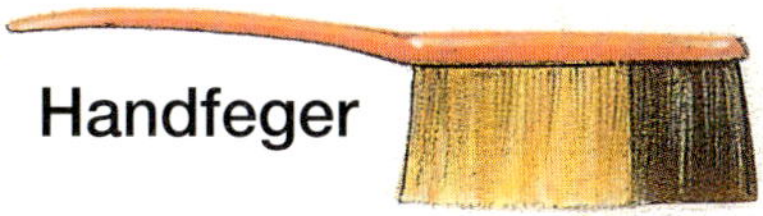

el süpürgesi Handfeger

kahve makinası
Kaffemaschine

faraş
Kehrschaufel

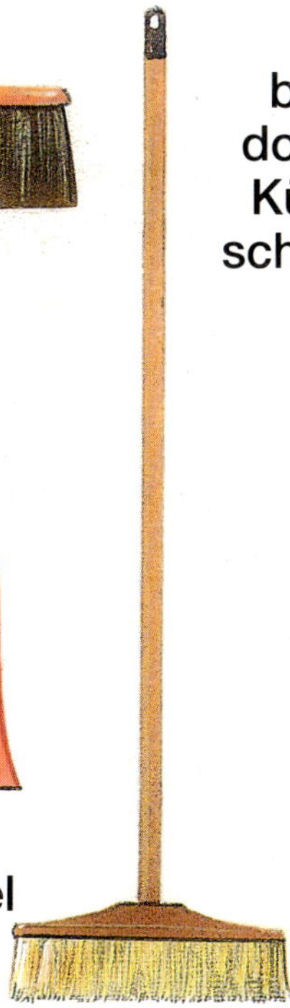

süpürge Besen

buz
dolabı
Kühl-
schrank

oturma odamız

Im Wohnzimmer

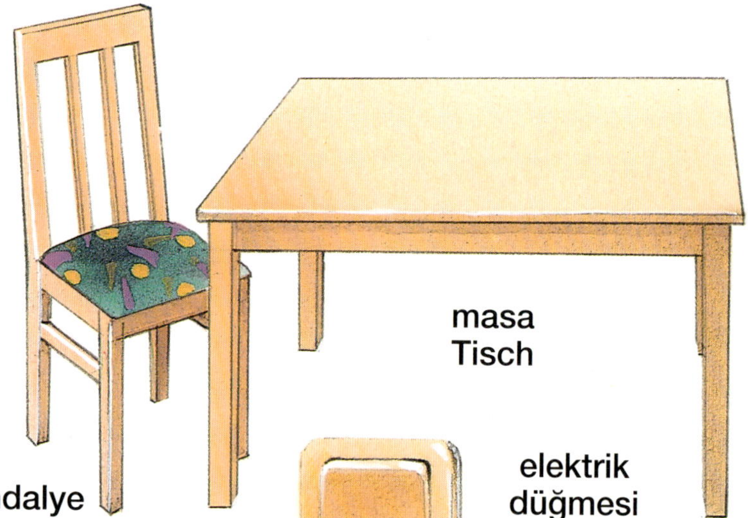

masa
Tisch

sandalye
Stuhl

telefon
Telefon

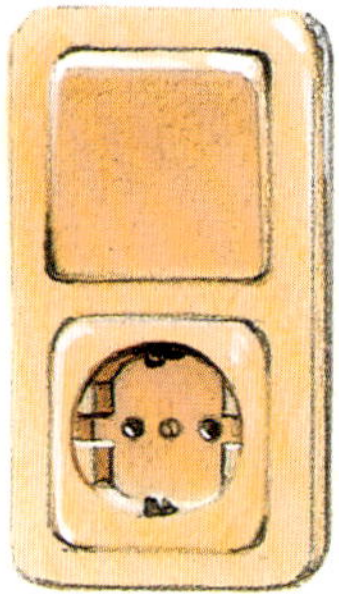

elektrik
düğmesi
Lichtschalter

priz Steckdose

koltuk
Sessel

ayaklı lamba
Stehlampe

fotoğraf makinası
Fotoapparat

kitaplık
Bücherregal

halı Teppich

CD çalar CD-Player

hoparlör
Lautsprecher

kanepe Sofa

müzik seti Stereoanlage

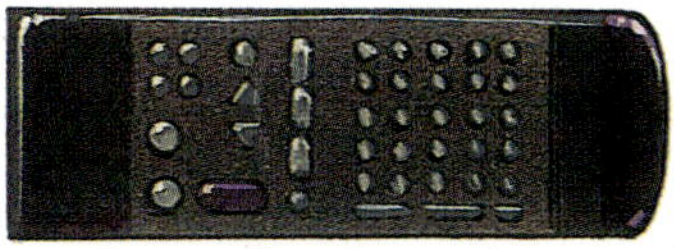

uzaktan kumanda aleti
Fernbedienung

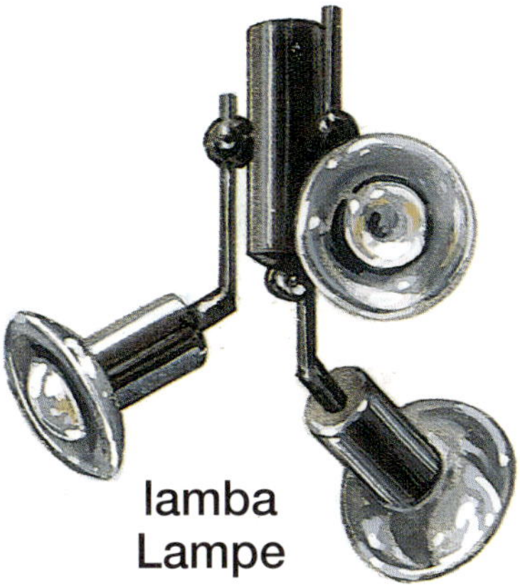

lamba
Lampe

resim Bild

lelevizyon Fernseher

video kaseti Videokassette

vazo
Vase

kendi odam

Im Kinder-zimmer

silgi Radiergummi

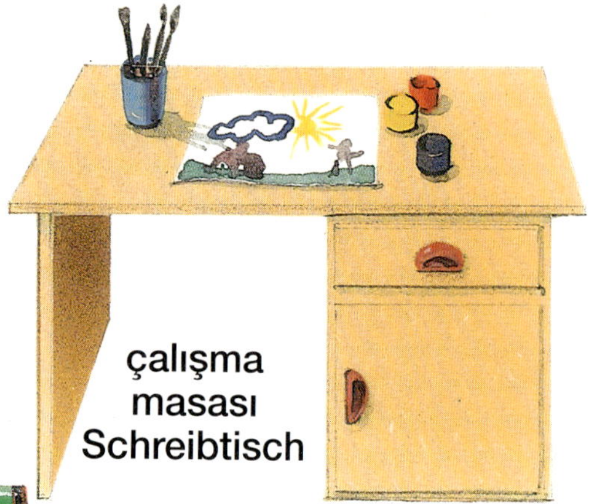

kalemtıraş Anspitzer

çalışma masası
Schreibtisch

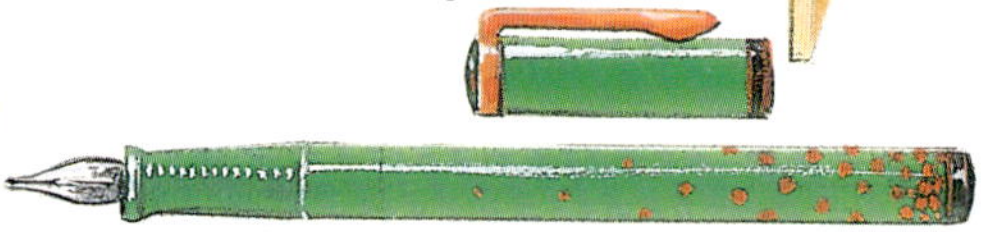

dolma kalem
Füller

çalar saat
Wecker

gönye
Dreieck

kurşun kalem Bleistift

cetvel Lineal

yatak Bett

okul çantası Schultasche

oyuncak araba Rennwagen

topaç
Brummkreisel

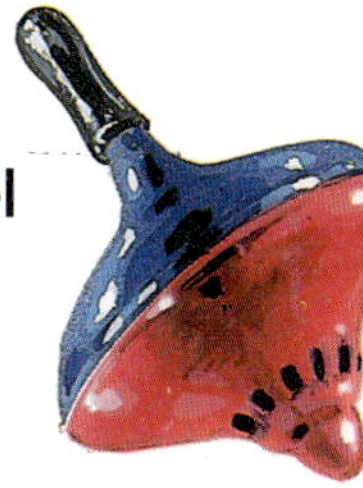

bebek
Puppe

top Ball

legolar
Legosteine

saksofon Saxofon

gameboy Gameboy

oyuncak tren Eisenbahn

skateboard
Skateboard

cimnastik topu
Hüpfball

taşıt araçları ve trafik

Autos und Verkehr

motosiklet
Motorrad

trafik levhaları
Verkehrszeichen

trafik lambası
Ampel

Metro U-Bahn

bisiklet
Fahrrad

traktör
Traktor

otobüs Bus

tramvay
Straßenbahn

otomobil Auto

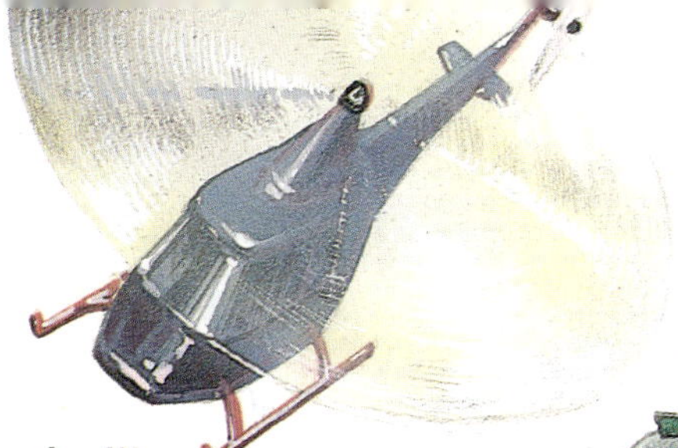
helikopter
Hubschrauber

trotinet Roller

can kurtaran
arabası
Kranken-
wagen

balon
Heißluftballon

tren
Zug

kamyon
Laster

tarak makinesi
Schaufelbagger

raket
Rakete

gemi
Schiff

üç tekerlekli
bisiklet
Dreirad

ailem

Meine Familie

bedenim

Mein Körper

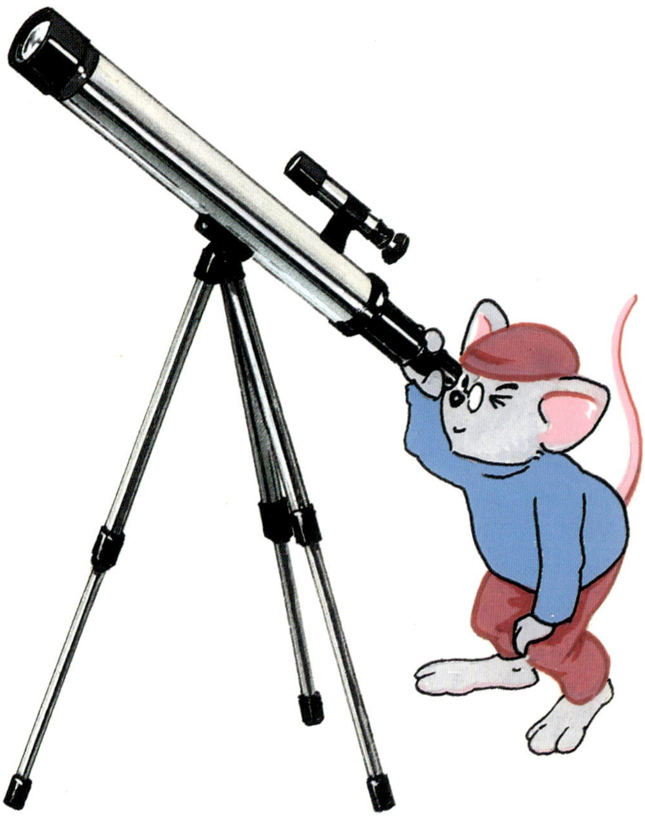